全国中等职业技术学校汽车类专业

汽车维护习题册

中国劳动社会保障出版社

图书在版编目(CIP)数据

汽车维护习题册/羌春晓主编. -- 北京：中国劳动社会保障出版社，2019
全国中等职业技术学校汽车类专业
ISBN 978－7－5167－4044－6

Ⅰ. ①汽… Ⅱ. ①羌… Ⅲ. ①汽车-车辆修理-中等专业学校-习题集 Ⅳ. ①U472.4－44

中国版本图书馆 CIP 数据核字(2019)第 118592 号

中国劳动社会保障出版社出版发行

（北京市惠新东街 1 号　邮政编码：100029）

*

北京市艺辉印刷有限公司印刷装订　新华书店经销

787 毫米×1092 毫米　16 开本　3.5 印张　83 千字

2019 年 6 月第 1 版　2021 年12月第 4 次印刷

定价：7.00 元

读者服务部电话：（010）64929211/84209101/64921644

营销中心电话：（010）64962347

出版社网址：http://www.class.com.cn

http://jg.class.com.cn

目　录

项目一　汽车维护制度

任务1　汽车维护、检测、诊断技术规范

一、填空题（将正确答案填写在横线上）

1. 当前，我国的汽车维护制度都遵从国家标准 GB/T 18344—________。

2. 我国现行的汽车维护制度贯彻“____________，____________”的原则。

3. 维护作业包括清洗、______、补给、________、紧固、________等内容。

4. 日常维护的周期分为____________、______________、____________。

5. 车轮及轮胎的日常维护项目是指出车前、行车中分别检查______________________和________________。

6. 二级维护作业项目包括____________项目和__________项目，二级维护作业时一并进行。

7. 二级维护规定的进厂检测项目包括__________、____________、________。

8. 汽车维护质量保证期自维护竣工出厂之日起计算，一级维护质量保证期为车辆行驶不少于______km 或者______日，以先达到者为准。

9. 保养周期根据____________和____________来决定，以先达到者为准。

二、判断题（正确的打“√”，错误的打“×”）

1. 中华人民共和国国家质量监督检验检疫总局和中国国家标准化管理委员会联合发布的汽车维护制度 GB/T 18344—2016 替代 GB/T 18344—2001，并于 2017 年 8 月 1 日开始实施。（　）

2. 二级维护作业完成后应进行竣工检验，竣工检验合格的车辆由维护企业签发维护竣工出厂合格证。（　）

3. 进厂检测包括规定的检测项目以及根据驾驶员反映的车辆技术状况确定的检测项目。（　）

4. 日常维护可有可无。（　）

5. 汽车一级维护属于定期维护。（　）

6. 机油的更换没有固定的时间表，因为油的变质可以用肉眼看出来。（　）

7. 发动机里的机油在使用的情况下才会变质，没有使用的机油不会变质。（　）

8. 如果轮胎的压力不合适，将缩短轮胎的使用寿命。（　）

9. 经常在不平或特别泥泞的路、雪融化的路上行驶的车辆，需要频繁保养。（　）

三、单选题

1. 下列______不是定期维护的项目。
   A. 日常维护　B. 一级维护　C. 二级维护　D. 三级维护
2. 二级维护质量保证期为车辆行驶不少于______km 或者 30 日，以先达到者为准。
   A. 10 000　B. 5 000　C. 3 000　D. 2 000
3. ______不需要定期更换。
   A. 发动机机油　B. 发动机机油滤清器
   C. 节温器　D. 发动机冷却液
4. 在二级维护基本作业中，应主要检查电控燃油喷射系统供油管路的______。
   A. 供油量　B. 供油压力　C. 密封状况　D. 供油量和供油压力

四、名词解释

1. 日常维护

2. 一级维护

五、简答题

1. 简述汽车维护的周期。

2. 简述汽车二级维护作业流程。

任务2　汽车维修作业安全操作基本知识

一、填空题（将正确答案填写在横线上）

1. 人员防护物品包括____________、____________和____________。

2. 无论何时，一旦在车间发现险情和灾情，都应立即____________。

3. 整顿（Seiton）中要求将很少使用的物品放在____________，将偶尔使用的物品放在____________，将经常使用的物品放在________。

4. 安全（Safe）是指操作时无安全隐患，每时每刻都应有____________的观念，以防患于未然。人员熟悉____________，会____________。

5. 节约（Save）是指合理利用__________，无浪费__________现象。离开车间时要切断______和______，关好__________。

二、判断题（正确的打“√”，错误的打“×”）

1. 提升重物或拆检类似排气管等热的物体时必须戴手套，以免受伤；而在操作旋转性设备时应禁止戴手套。（　　）

2. 如果因电路或电气设备引起火灾或人身伤害，应先断开电源开关后再施救。（　　）

3. 只要对设备和工作车间正确地进行管理，就不会发生事故。（　　）

4. 只能在指定的区域报废汽油和机油。（　　）

5. 技术员在操作钻具时，需要戴手套。（　　）

6. 按废弃物处理规定分类丢弃垃圾，有利于资源回收和利用。（　　）

7. 吸满机油和汽油的碎布在特定条件下可能发生自燃，所以应将其放入带盖的金属容器内。（　　）

8. 不要在充电的蓄电池旁使用明火或易产生火花的设备，因为在充电时蓄电池会产生可燃性气体——氧气。（　　）

9. 工作鞋前部有保护钢板，底部可以防滑并且绝缘，可以起到很好的保护作用。（　　）

三、单选题

1. ______是危险操作。

   A. 不戴手套操作钻具

   B. 在正在充电的蓄电池附近使用电焊机

   C. 当车轮稍微离开地面时通过晃动车辆来鉴定汽车是否正确地固定在举升机上

   D. 在有刚性齿条支撑的汽车下工作

2. 使用______工具时必须脱掉手套。

   A. 梅花扳手　　B. 扭力扳手　　C. 研磨机　　D. 千斤顶

3. 下列关于工作安全性的叙述，错误的是______。

A. 为保护操作人员免受创伤或烧伤，尽可能不要把皮肤暴露在外

B. 仅在指定区域丢弃汽油和机油

C. 如果在危险情况下并未受伤，则没有必要汇报

D. 由于维修场所不合适或工作人员不小心而出现事故，则必须整改、汇报

4. 下列关于“7S”概念的叙述，正确的是______。

A. 不要丢弃任何零件、工具、维修手册或工作数据文件，而应将它们保存在特定的地方

B. 根据使用频率有序存放零件、工具、维修手册和工作数据文件，以便于使用

C. 不经常使用的工具和测量仪器不需要保持干净

D. 为了给客户留下好印象，维修接待区应保持干净，客户看不见的工作场所不需要保持干净

5. 操作人员进入工作场地后，______。

A. 可以抽烟　　B. 能随意摆放物品

C. 必须按规定穿戴整洁　　D. 可以在车间吃东西

6. “7S”现场管理中的整理主要是排除______浪费。

A. 时间　　B. 工具

C. 空间　　D. 包装物

7. 按机动车维修企业安全生产条件要求，企业应具备与其维修作业相适应的安全管理制度和安全保护措施，建立并实施______。

A. 安全操作规程　　B. 岗位责任制

C. 安全生产责任制　　D. 安全生产标准

8. 下列关于防电知识的说法，错误的是______。

A. 不要在电气设备附近使用易燃物

B. 不要用湿手接触电气设备

C. 对于标有故障的电气开关，千万不要触碰

D. 如发现电气设备不正常，应先上报领导，然后再关闭电源开关

9. 下列关于防火知识的说法，正确的是______。

A. 在工作场合可以吸烟，只要注意不要引起火灾就可以了

B. 可以随时随地将燃油和清洁剂带到车间

C. 在机油存储地或可燃性的零件清洗剂附近，不要使用明火

D. 使用过的机油和燃油可以直接排入污水管道，且不会对环境造成污染

四、简答题

1. 简述“7S”工作的含义。

2. 简述“7S”理念的规范作业项目。

任务3　汽车维护常用设备的使用

一、填空题（将正确答案填写在横线上）

1. 举升机按照形状一般可分为________、________、________三大类，按照功能可分为______________和____________。

2. 扭力扳手是一种带有扭矩测量机构的拧紧计量器具，它用于紧固螺栓和______，并能测出________________。常用的扭力扳手有________和________。

3. 各类扳手的选用原则是：一般优先选用______，其次为__________，再次为________，最后选__________。

4. 胎压表是用于测量______________的测量工具。胎压表一般有________________和__________两种，通常__________使用广泛。

5. 在未测量时，胎压表的指针应指向__________，或在____________________。

二、判断题（正确的打“√”，错误的打“×”）

1. 举升机是用于举升汽车，以便于进行汽车维护和发动机维护的常用设备。（　　）
2. 液压举升装置的主要作用是用来支撑车辆。（　　）
3. 严禁在扭力扳手尾端加接套管延长力臂，以防损坏扭力扳手。（　　）
4. 所选用扭力扳手的开口尺寸必须比螺栓或螺母的尺寸稍稍偏大。（　　）

三、单选题

1. 在使用液压举升机时，操作者应该站在______。

A. 液压举升机的正面　　B. 液压举升机的侧面

C. 液压举升机的下面　　D. 液压举升机的上面

2. 用举升机举升车辆时，应______。

A. 直接举升

B. 在举升中不断停下来检查

C. 举升 150 mm 停下检查后再举升

D. 举升结束后再检查

3. 举升机举升车辆后，应用______来承受车辆载荷。

A. 液压自锁

B. 安全钩锁紧

C. 液压自锁和安全钩锁紧共同作用

D. 液压自锁或安全钩锁紧

4. 下列关于举升机的说法，错误的是______。

A. 车辆的总质量不能大于举升机的举升能力

B. 转动、伸缩、调整举升臂至汽车底盘指定位置并使其接触牢靠

C. 不得在举升机周围打闹，举升机在举升、下降过程中严禁在车下穿行、嬉戏，但可以进行维修工作

D. 汽车举升时，要在汽车离开地面较低位置时进行支点复检，无异常现象时方可举升至所需高度

5. 下列关于预置式扭力扳手的说法，正确的是______。

A. 可以使用预置式扭力扳手拆卸螺栓或螺母

B. 预置式扭力扳手使用完毕，应将其调至最大扭矩，使测力弹簧充分放松，以延长其使用寿命

C. 使用扭力扳手时，当听到“啪、啪”两声时，此时力矩最为合适

D. 应避免水分浸入预置式扭力扳手，以防零件锈蚀

四、简答题

1. 如何操作举升机？

2. 举升机的使用注意事项有哪些？

3. 如何使用扭力扳手？

4. 扭力扳手的使用注意事项有哪些？

5. 如何使用胎压表？

任务4　汽车4S店售后服务工作流程

一、填空题（将正确答案填写在横线上）

1. 汽车售后服务是提高____________和增加____________的重要环节。

2. 汽车维修服务流程通常有___________、_____________、___________、__________________四个特点。

3. 汽车维修接待工作主要由______________来完成。工作准备的内容主要包括________________________和_______________________两方面。

4. 汽车维修接待中，按照先后顺序进行以下工作：__________________________，车辆防护，问诊及预检，____________，同客户确定维修项目、工期、价格，核对客户信息，建立维修委托书，打印维修委托书，___________，______________，安排客户休息。

5. 当车辆开始进入维修后，服务顾问需要紧密关注___________________，并根据进度和维修变化及时____________________。

6. 维修后和交付前主要包括内部交车、___________________、_____________________、准备单据并交车等环节。

二、判断题（正确的打“√”，错误的打“×”）

1. 汽车维修服务是最主要的汽车售后服务。（　　）
2. 维修服务流程的核心处理对象是客户。（　　）
3. 汽车维修服务的整个流程需要跨职能部门进行操作和处理。（　　）
4. 跟踪回访是指在3个工作日内进行售后关怀，以维持顾客的热情。（　　）
5. 准备阶段是指在客户来店之前准备好服务顾问及客户的资料信息。（　　）

6. 服务顾问应主动掌握自己接待车辆的维修进度，如果感觉在预计时间内无法完成维修任务，则需要及时调整并通知客户。 （　　）

7. 确定维修内容之前，服务顾问没有必要和客户一起进行环车检查。 （　　）

三、单选题

1. 现在的服务流程是对传统流程的改进，一切以______为中心。

A. 利益　　B. 维修车辆　　C. 董事长　　D. 客户

2. 汽车维修服务流程通常包括维修预约、接车制单、维修作业、______、交流及交车、跟踪回访六个核心环节。

A. 质量检验　　B. 洗车　　C. 抛光　　D. 打蜡

3. 在接待工作开始前，服务人员需要根据前一天的接待量来衡量人员服务能力。作为服务人员需要考虑服务顾问人员、______、技术人员、管理人员方面的问题。

A. 维修人员　　B. 清洁人员

C. 宣传人员　　D. 保安人员

4. 预约是有效管理客户和主动安排接待工作的工作方法。作为服务顾问，需要在接待工作开始之前确认以下内容：预约车数、______、预约项目。

A. 预约时间　　B. 预约技师

C. 预约娱乐电子设备　　D. 预约洗车

5. 当维修项目和完工时间发生变化时，服务顾问要立即通知客户重新进行费用和______的确认。

A. 满意度　　B. 礼品　　C. 时间　　D. 赔偿

四、名词解释

1. 汽车售后服务

2. 主动回访

3. 五项确认

五、简答题

1. 当交车结束、客户离店后，服务工作仍没有结束，服务顾问还需要进行哪些工作？

2. 简述交车的主要步骤。

3. 画出汽车维修接待工作主要内容的流程图。

项目二　汽车 5 000 km 维护

任务 1　维护接车单的识读与填写

一、填空题（将正确答案填写在横线上）

1. 汽车 5 000 km 维护主要包括仪表及__________检查、车辆外部______系统检查、雨刮系统检查、油液油位检查、更换发动机____________、底盘______及磕碰检查、车轮螺栓扭矩检查、胎压及胎纹检查、校正轮胎充气压力等项目。

2. 汽车维护工作需要许多员工共同参与才能完成。其中，__________接受任务并对客户提供咨询，__________负责维修任务的指派和进度跟踪，__________负责按要求完成维修、保养作业。

3. 汽车维修过程中需要进行严格的质量控制。其中，__________负责维修、维护过程中的巡视检验，______________负责车辆维修、维护结束后的终检。

二、判断题（正确的打"√"，错误的打"×"）

1. 汽车维修工必须明确，只有客户百分之百对其工作质量满意，才能赢得客户对汽车售后服务企业的信赖。（　　）

2. 服务顾问通过与客户沟通确定维护保养工作范围，客户签字后表示客户对维修内容的认可，但签字后的《任务委托书》不具备法律效力。（　　）

3. 机电维修工在完成维护作业后，需在《定期维护检查项目表》上签字证明其工作完成。（　　）

4. 机电维修工若在维修中发现新问题，维修技师应及时与客户沟通，确认追加维修项目。（　　）

三、单选题

1. 汽车维修工负责整个车辆维护保养工作流程中的部分流程，不包括______。

   A. 执行《任务委托书》中的维护保养工作

   B. 物料的领取

   C. 废物料及旧件的回收处理

   D. 将完成维修任务的车辆交给客户

2. 汽车维修工在维修中发现新问题，维修技师应及时报______进行处理确认。

   A. 维修经理　　B. 客户　　C. 服务顾问　　D. 质量检验员

四、简答题

1. 简述汽车维修服务相关人员的职责分工。

2. 简述汽车维护的作业流程。

任务2　5 000 km 维护准备工作

一、填空题（将正确答案填写在横线上）

1. 车辆维护举升工位应干净、整洁，需准备好________、举升机________、________装置、照明设备等。

2. 车辆维护作业应注重____________，垃圾需______________；坚持“__________、______________”的安全生产方针，做到有备无患；消防设施完好、齐全。

3. 发动机舱盖释放拉手一般位于______________，释放拉手上有__________。操作时，用右手四指________发动机舱盖释放拉手，防止用力过猛将拉手损坏。

4. 打开发动机舱盖的方法是：用右手四指__________发动机__________，双手向上掀开发动机舱盖到一定角度，一只手支撑住____________，另一只手拉起发动机舱盖________，并将其可靠放入发动机舱盖上的支撑孔位。

二、判断题（正确的打“√”，错误的打“×”）

1. 车辆维护作业前，应将车辆停放好，并安放车轮挡块，车轮挡块可放置在任意车轮的前后。（　　）

2. 在放置地板垫时，服务顾问手中的其他物品（如座椅套、转向盘套等）可以先放在驾驶员座椅、乘客座椅或仪表台等部位。（　　）

3. 车辆维护前，汽车维修工需进入驾驶室，确认驻车制动器拉紧、变速杆位于空挡位置（自动变速器则位于P挡位置）。（　　）

4. 车辆维护前，汽车维修工需进入驾驶室，确认驻车制动器、变速杆的位置；打开点火开关，降下车窗玻璃，并使点火开关保持在打开状态。（　　）

5. 检查油箱盖时，若油箱盖拧紧时，发出“咔、咔”声，且能自由旋转，说明油箱盖打滑，需要更换。（　　）

三、多选题

1. 安放车辆内的“三套一垫”是指______。

A. 转向盘套　　B. 座椅套　　C. 鞋套

D. 变速杆套　　E. 脚垫

2. 车辆维护前，汽车维修工需进入驾驶室，确认______。

A. 驻车制动器是否拉紧

B. 手动变速器位于空挡位置

C. 自动变速器位于P挡位置

D. 点火开关处于打开状态

四、简答题

1. 简述车辆维护的准备工作及基本功能操作。

2. 简述行李舱的打开方法及检查内容。

3. 简述油箱盖的打开方法及检查内容。

任务3　灯光信号的检查与维护

一、填空题（将正确答案填写在横线上）

1. 车内照明灯主要有________、________、__________，有些车辆还有手套箱灯、烟灰缸灯等。

2. 车外照明灯主要有________、__________、________、________等。

3. 车外信号灯主要有__________（小灯）、尾灯、__________、____________、制动灯等。

4. 在示宽灯打开的情况下，将灯光组合开关中间的前雾灯开关按钮按下，则______及仪表板上的_______________点亮；在___________的前提下，将灯光组合开关中间的后雾灯开关按钮按下，则________及仪表板上的后雾灯指示灯点亮。

5. 将灯光组合开关顺时针旋动到“≣D”挡，________应点亮；向下按压灯光组合开关杆，________及仪表板上的指示灯应点亮。如果在近光灯打开的情况下，向上提拉灯光组合开关杆，则_______________应工作正常（远/近光切换），仪表板上的指示灯也应点亮。

二、判断题（正确的打“√”，错误的打“×”）

1. 将灯光组合开关顺时针旋动到“=D0=”挡，示宽灯、仪表照明灯、尾灯、牌照灯应点亮，顺时针旋动到“≣D”挡，前照灯和上述所有灯光均应点亮。（　　）

2. 对于前照灯（特别是远光灯）的使用有严格的要求，驾驶员应按照交通法规规范操作，以避免事故，如夜间会车时，应切换成近光灯。（　　）

3. 只有在前照灯打开的情况下，将灯光组合开关中间的前雾灯开关按钮按下，前雾灯及仪表板上的前雾灯指示灯才点亮。（　　）

4. 在前雾灯点亮的前提下，将灯光组合开关中间的后雾灯开关按钮按下，则后雾灯及仪表板上的后雾灯指示灯点亮。（　　）

5. 无论点火开关打开与否，将仪表板中央的危险警告灯（红色三角形）按钮按下，则危险警告灯点亮（即所有转向灯同时点亮并闪烁），仪表板上的指示灯也应同时点亮。（　　）

三、单选题

1. 下列关于灯光的检查，叙述正确的是______。

A. 将点火开关旋至“ON”，将灯光组合杆向上/向下拨动，观察左/右转向信号灯是否正确闪烁，以检查转向信号灯

B. 将点火开关旋至“ON”，将灯光组合开关顺时针旋动到“”挡位置时，观察警示灯是否点亮，以检查警示灯

C. 将点火开关旋至“OFF”，踩下制动踏板，观察制动灯是否点亮，以检查制动灯

D. 将点火开关旋至“OFF”，将手动变速器置于倒挡或将自动变速器置于“R”挡，观察倒车灯是否点亮，以检查倒车灯

2. 下列关于灯光的检查，叙述正确的是______。

A. 维护中，检查灯光的安装质量时，需将灯拆卸下来检查其是否安装松动

B. 维护中，检查灯光的安装质量时，需用手晃动车灯总成，然后检查其是否安装松动

C. 检测门控等开关：车门打开/关闭时，车内顶灯均应点亮/熄灭

D. 检测门控等开关：车门打开时，车内顶灯应熄灭；车门关闭时，车内顶灯应点亮

3. 下列关于车厢灯灯光的检查，叙述错误的是______。

A. 当点火开关在“ON”位置时，所有车门处于关闭状态，车厢灯将立即熄灭

B. 用无线遥控关闭所有的车门并落锁，车厢灯将立即熄灭

C. 按压车厢灯开关，使整个开关处于水平状态，车厢灯将立即熄灭

D. 按压车厢灯开关，使整个开关处于断开状态，车厢灯将立即熄灭

四、简答题

1. 简述将灯光组合开关旋至“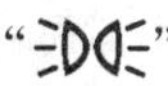”挡时车外照明灯的检查内容。

2. 简述前照灯的检查步骤。

3. 简述转向灯的检查步骤。

任务4 发动机舱的检查与维护

一、填空题（将正确答案填写在横线上）

1. 机油由________的添加剂和________的基础油组成。基础油是润滑油的____________，决定着润滑油的______________，添加剂则可弥补和改善基础油性能方面的不足，是润滑油的重要组成部分。

2. 润滑油基础油主要分为____________及______________两大类。

3. 美国汽车工程师协会（SAE）根据机油的________的不同，分成______________和__________。单级机油仅能满足冬季低温使用或夏季高温使用的黏度要求，分为__________（W 级）和____________。

4. 现在广泛使用的长效冷却液由__________与水混合而成，其最佳比例为________。

5. 冷却液中一般加有防冻剂，主要能____________，另外还有__________、__________、防垢等作用。

二、判断题（正确的打"√"，错误的打"×"）

1. 发动机是汽车的"心脏"，发动机内有许多相互摩擦运动的金属部件，这些部件运动速度快、环境差，工作温度可达800～900℃。（　　）

2. 矿物油的制造过程比合成油简单，成本也低。（　　）

3. 使用免维护蓄电池时，需检查蓄电池电解液的密度。（　　）

三、单选题

1. 多级机油能满足全年气候使用的黏度要求，常见的牌号有5W－30、10W－30、15W－40、20W－50等。牌号中代表冬用部分的数字越小，代表非冬用部分的数字越______，机油适用的环境温度范围越______。

A. 大　大　　B. 大　小　　C. 小　大　　D. 小　小

2. 冷却液需要定期更换，周期一般为______年。

A. 1　　B. 2　　C. 3　　D. 4

3．冰点检测仪的视窗显示有 3 列刻度，从左向右分别指示的是______。

A．清洗液冰点、电解液相对密度、冷却液冰点

B．冷却液冰点、清洗液冰点、电解液相对密度

C．电解液相对密度、冷却液冰点、清洗液冰点

D．电解液相对密度、清洗液冰点、冷却液冰点

四、名词解释

全合成机油

五、简答题

1．简述机油的作用。

2．简述更换机油的步骤。

任务 5　底盘的检查与维护

一、填空题（将正确答案填写在横线上）

1．在车辆行驶 5 000 km 时，对汽车底盘的维护可以相对集中进行，这些项目包括驾驶舱内的______________、____________自由行程检查、____________自由行程检查、______

______自由行程检查等；车辆外部______的检查；汽车底部底盘各部位________________情况的检查、各总成件有无______________情况的检查等。

2. 驻车制动器的作用是使车辆____________、____________，便于__________，配合行车制动装置实现___________以及在行车制动装置失效后的____________。

3. 转向操纵机构主要由__________、____________、____________等组成，其功用是将驾驶员转动转向盘的操纵力传给转向器。

4. 转向操纵机构的检查与维护包含转向盘____________的检查和________的检查等。

5. 悬架系统的检查与维护项目包括__________检查、____________检查、________检查、__________检查、__________检查等。

6. 车轮的检查包括__________的检查、________的检查、______的检查等。

二、判断题（正确的打"√"，错误的打"×"）

1. 当驻车制动杆行程过长时，有可能产生制动打滑、车辆停驻时溜车。（　）
2. 当驻车制动杆行程过短时，有可能产生制动拖滞。（　）
3. 离合器踏板自由行程过小会导致离合器分离不彻底。（　）
4. 转向盘自由行程过大会导致转向响应性变差并严重影响转向精度，从而影响行车安全。（　）
5. 如果轮胎气压过低，会加剧胎面磨损，增加阻力和油耗；如果轮胎气压过高，则行驶阻力小、油耗减少，从而延长了轮胎的使用寿命。（　）

三、多选题

1. 下列关于行车制动器的技术要求（以雪佛兰科鲁兹为例），叙述正确的是______。
   A. 制动踏板的高度为 145 mm
   B. 制动踏板的行程为 75 mm
   C. 制动助力泵与推杆的间隙为 0 ~ 1 mm
   D. 制动踏板的自由行程为 10 ~ 15 mm
2. 下列关于驻车制动器的技术要求（以雪佛兰科鲁兹为例），叙述正确的是______。
   A. 驻车制动器拉杆生效齿数为 2 齿
   B. 总行程为 6 ~ 9 齿
   C. 在不小于 30% 的坡度上能有效驻车
   D. 配合行车制动装置实现紧急制动
3. 下列关于离合器踏板情况的检查（以雪佛兰科鲁兹为例），叙述正确的是______。
   A. 离合器踏板的自由行程为 15 ~ 25 mm
   B. 离合器踏板的高度为 150 ± 5 mm
   C. 离合器总泵与推杆的间隙为 0 ~ 1 mm
   D. 离合器踏板的总行程为 131.8 ~ 139.1 mm
   E. 离合器踏板的最大踏板力不超过 122.2 N
4. 下列关于转向器的检查（以雪佛兰科鲁兹为例），叙述正确的是______。
   A. 转向器有无泄漏检查

B. 转向器防尘罩检查

C. 转向助力油油面高度检查（配置液压转向助力的转向系统）

D. 转向拉杆的安装状况检查

四、名词解释

1. 制动踏板自由行程

2. 离合器踏板自由行程

3. 转向盘自由行程

五、简答题

1. 简述驾驶室内的检查内容。

2. 如何检查汽车悬架的工作状况？

3．简述汽车轮胎的检查内容。

4．简述汽车底盘制动管路的检查内容。

任务6　乘员舱内外的检查与维护

一、填空题（将正确答案填写在横线上）

1．组合仪表中有一些不同颜色的指示灯，一般来说，黄色表示____________________；红色表示____________________，要立即停车检查；其他颜色如绿色、蓝色表示____________________。

2．根据图示填写以下表格中的空白。

仪表指示灯	名　称	含　义

二、判断题（正确的打“√”，错误的打“×”）

1. 查看组合仪表指示灯时，启动发动机，故障指示灯、ABS 等指示灯应点亮。发动机运转 3 ~ 5 s，ABS 等指示灯应继续点亮。 （ ）

2. 检查刮水器的工作情况时，无论何时关闭点火开关，处于停止位置的刮水器都应当回位正常。 （ ）

3. 安全带指示灯在组合仪表板上由暗变亮，表示安全带锁扣安装正常。 （ ）

4. 读取故障码时，需连接 KT600 故障诊断仪，打开点火开关，且必须启动发动机。 （ ）

三、单选题

1. 内循环指示灯是用来显示车辆空调系统的工作状态的。当打开内循环按钮、车辆关闭外循环时，该指示灯自动______。

A. 点亮　　B. 熄灭　　C. 闪烁　　D. 发出蜂鸣声

2. 胎压报警指示灯不同的颜色代表不同的含义，指示灯为红色表示______，指示灯为黄色表示______。

A. 轮胎失压显示没有初始化　轮胎失压显示故障

B. 轮胎失压显示故障　轮胎存在失压现象

C. 轮胎存在失压现象或轮胎失压显示没有初始化　轮胎失压显示故障

D. 轮胎失压显示故障　轮胎存在失压现象或轮胎失压显示没有初始化

四、名词解释

汽车组合仪表

五、简答题

1. 简述检查暖风空调系统的步骤。

2. 简述检查座椅的内容。

3. 简述检查清洗装置状态的方法。

任务7 双人维护工艺规范

一、填空题（将正确答案填写在横线上）

1. 车辆举升位就是车辆在____________________，由于举升机__________________而产生不同的举升位。

2. 双人快保设置专属的______________，配置专属的______________，由训练有素的专属人员依据标准化的______________________________，定时、定程地进行车辆的________、__________、__________、__________、__________、________、________等全面性、预防性和周期性的作业，在最短的时间内实行恢复车辆性能的高效、优质的特色维护服务。

二、简答题

1. 采用双人维护具有哪些好处？

2. 双人维护流程中，项目合理分配的原则有哪些？

任务8　汽车维护质量检验及竣工验收

一、填空题（将正确答案填写在横线上）

1. 在车辆进厂进行维护时，为确保汽车维修质量，车辆需经过______________、维修__________、维修______________。

2. 目前，在我国汽车维修行业中，汽车维修过程中的质量检验与质量监督普遍采用三级质量检验和质量保障制度，即______________、________________和______________。

3. 在车辆维护保养过程中，____________、____________和__________各司其职，实行三级检验制度。

二、判断题（正确的打“√”，错误的打“×”）

1. 汽车维修质量控制得好与坏直接影响到企业品牌的提升。（　　）
2. 所有进厂维护与修理的车辆，都要实行三级检验制度。（　　）
3. 总检验的结果记录在《任务委托书》上，并由维修技师签字确认。（　　）
4. 维修技师在完成车辆维护与修理作业后，需在《定期维护检查项目表》上签字确认。（　　）
5. 汽车维修竣工出厂检验应由专职总检验员负责，以代表用户验收车辆。（　　）

三、多选题

1. ______不负责汽车二级维护的竣工检验。

A. 维修技师　B. 专职检验员　C. 服务顾问　D. 服务经理

2. 汽车维修竣工出厂检验的检验方法有______。

A. 人工检验　B. 道路试验　C. 检测线检验　D. 零部件专项检验

3. 汽车维修竣工出厂检验时，若出现不合格项，需返修并______。

A. 及时与客户沟通

B. 向车间主管详细汇报

C. 由车间主管重新分配返工工作

D. 每天发生的返工以《最终质量检查报告单》的形式向服务经理报告

四、名词解释

1. 抽检

2. 全检

五、简答题

1. 维修技师在维修过程中的自检、互检工作有哪些？

2. 专职的质检员（技术总监）在维修过程中的巡检工作有哪些？

3. 专职的质检员（总检）在维修竣工后的终检工作有哪些？

项目三　汽车 10 000 km 维护

任务 1　手动变速器齿轮油的检查与更换

一、填空题（将正确答案填写在横线上）

1. 美国石油学会将车辆齿轮油按使用性能分为______、______、______、______、______和______六类。

2. 建议家庭用车如果需要更换手动变速箱齿轮油，尽量使用__________的_____和_____全合成型齿轮油。

3. 美国汽车工程师协会于 2005 年发布的车辆齿轮油黏度分类标准，将齿轮油分为______、75W、80W、85W、80、85、90、110、140、190 和______共 11 个黏度牌号，其中“W”表示__________。

二、判断题（正确的打“√”，错误的打“×”）

1. 汽车 10 000 km 维护需完成自动变速器油位和油品质的检查。（　　）

2. 手动变速器油的油面高度应位于注油口下边缘 0 ~ 5 mm。（　　）

3. 不能将使用级较高的齿轮油用在要求较低的车辆上，但使用级较低的齿轮油可以用在要求较高的车辆上。（　　）

三、单选题

1. 美国汽车工程师协会于 2005 年发布的车辆齿轮油黏度分类标准中，黏度最小的齿轮油是______。

A. 70W　　B. 80　　C. 85W　　D. 250

2. 美国石油学会将车辆齿轮油按使用性能分为六类，在高速冲击负荷、高速低扭矩操作下的各种齿轮，特别是客车或工作条件苛刻的双曲线齿轮，应选用______齿轮油。

A. GL – 3　　B. GL – 4　　C. GL – 5　　D. GL – 6

3. 废弃齿轮油在处理时应______。

A. 排入下水道　　B. 与机油混装　　C. 集中管理　　D. 倒入垃圾桶

四、名词解释

1. API

2. SAE

五、简答题

1. 选用汽车手动变速器齿轮油时有哪些注意事项？

2. 简述手动变速器齿轮油油面高度的检查方法。

3. 简述手动变速器齿轮油油质的检查方法。

4. 简述更换手动变速器齿轮油的操作步骤。

任务2　转向助力油的检查与更换

一、填空题（将正确答案填写在横线上）

1. 常见的助力转向装置有________助力、________助力和______助力三种。

2. 机械液压助力系统的主要组成部分有_______、_______、____________________、______________、________等。

3. 对于机械液压转向助力装置而言，在使用过程中会出现转向助力油____________、__________、________、________、液位下降等现象，致使动力转向装置性能下降或丧失，造成汽车____________。

4. 导致转向助力油失效的主要原因是转向助力油与____________、转向助力油达到____________或管路存在________。

二、判断题（正确的打“√”，错误的打“×”）

1. 采用转向助力装置的汽车，其转向操纵性能大幅提高，使汽车转向变得轻便、灵活。（　　）

2. 目前，液压式转向助力装置广泛应用于高速轿车和重型载货汽车上。（　　）

3. 机械液压转向助力系统根据系统内液流方式的不同可以分为常压式液压助力和常流式液压助力。（　　）

4. 采用电动转向助力的车辆需要检查转向助力油。（　　）

5. 装备液压转向助力系统的汽车，在使用过程中可以任意原地打方向。（　　）

6. 长期以来，液压转向助力油一直用自动变速器油来替代。（　　）

三、单选题

1. 转向助力油具有______，可能导致车身油漆失去光泽或橡胶配件老化，如有沾染应及时清洗。

A. 润滑性　　B. 毒性　　C. 腐蚀性　　D. 吸水性

2. 转向助力油检查与更换所需要的常用工具、操作设备、防护用具及辅助工具不包括______。

A. 护目镜、手套、接油容器　　B. 举升机、手电筒、常用扳手

C. 扭力扳手、千斤顶、游标卡尺　　D. 吸油设备、鲤鱼钳、抹布

3. 废弃转向助力油在处理时应______。

A. 排入下水道　　B. 与机油混装　　C. 集中管理　　D. 倒入垃圾桶

四、名词解释

1. 转向助力装置

2. ATF

五、简答题

1. 简述转向助力油的使用注意事项。

2. 简述排放转向助力油的操作步骤。

3. 简述转向助力油油位的检查方法。

4. 简述液力转向助力系统中空气的排放步骤。

任务3　轮胎换位与动平衡检测

一、填空题（将正确答案填写在横线上）

1. 汽车车轮总成主要由____和____两大部分组成。车轮一般由______、______和____组成。

2. 离车式车轮动平衡机一般由______________、_________与_________、_________、__________和安全罩等组成。

3. 与离车式车轮动平衡机相配套的工具有______________、____________________、________________、____________、平衡块等。

4. 离车式平衡机的主轴固定装置装入了精密的____________和易碎裂的________________，因此，严禁冲击和敲打主轴。

二、判断题（正确的打“√”，错误的打“×”）

1. 轮毂用于连接车轮与车桥，通过圆锥滚子轴承装在车桥或转向节轴颈上。　（　　）

2. 轮辋是轮胎的装配基础，原则上每种轮胎只配用一种标准轮辋，必要时也可使用与标准轮辋相接近的容许轮辋。　（　　）

3. 轮胎规格“195/60R14 86H”中的“R”指轮胎的直径。　（　　）

4. 通常车辆前、后轮轮胎的气压是相同的，在换位后应将前、后轮轮胎的气压调到一致。　（　　）

5. 有方向性花纹的轮胎在换位时要特别注意，必须使其保持正确的旋转方向，且只能左右交叉对调，不能前后轮直向对调。　（　　）

6. 子午线轮胎的旋转方向应始终保持不变，推荐单边换位法。　（　　）

三、单选题

1. 在断面宽度相同的情况下，______扁平率的轮胎最扁平。

A. 80 系列　　B. 75 系列　　C. 70 系列　　D. 65 系列

2. 关于轮胎胎面花纹深度的说法，不正确的是______。

A. 轮胎胎面花纹深度过浅，容易爆胎

B. 轮胎胎面花纹深度过浅，会使汽车操纵稳定性变差

C. 轮胎胎面花纹深度过浅，会使车轮发生水滑的可能性变大

D. 轮胎胎面花纹深度过浅时，应进行翻新处理

3. ______，就需要做轮胎动平衡调整。

A. 只要完成轮胎与车轮的组装工作

B. 只要完成汽车车轮的拆装工作

C. 只要发现转向盘异响

D. 只要完成车轮的定位工作

4. 轮胎动平衡检测时，在动平衡机上不能输入______。

A. 轮辋边缘到机箱的距离　　B. 轮辋宽度

C. 轮辋直径　　D. 轮胎断面宽度

四、名词解释

1. 轮胎扁平比

2. 轮胎速度级别

五、简答题

1. 简述车轮的功用。

2. 为何行驶一定里程的车辆要进行轮胎换位？

3．轮胎换位中有哪些注意事项？

4．轮胎动平衡机有哪些使用注意事项？

项目四　汽车 20 000 km 维护

任务 1　空气滤清器的检查与更换

一、填空题（将正确答案填写在横线上）

1. 空气滤清器简称为______，位于________________________的前端，是对空气进行净化的装置，它由_____和________组成。

2. 湿式空气滤清器一般包括_________和___________两种，使用时浸有适量的______，一般用在______车上。

3. 一般清洁间隔为________km 或______个月，更换间隔为________km 或________年。

二、判断题（正确的打“√”，错误的打“×”）

1. 废弃滤芯可以不做集中回收处理。（　　）

2. 如果空气滤清器滤芯被堵塞，则发动机进气量将减少，发动机的输出功率就降低，燃油经济性变差。（　　）

三、单选题

1. ______适用于汽油发动机。

A. 干式空气滤清器　　B. 湿式空气滤清器

C. 油浸式空气滤清器　　D. 油浴式空气滤清器

2. 空气滤清器定期检查和清洁时，若发现______的情况不需要及时更换。

A. 脏污　　B. 破损

C. 发霉　　D. 有少量灰尘

四、简答题

1. 对车辆的空气滤清器进行检查、维护和更换时需要准备哪些工具和器材？

2．简述空气滤清器检查与维护的操作过程。

3．简述空气滤清器滤芯的更换过程。

任务 2　汽油滤清器的检查与更换

一、填空题（将正确答案填写在横线上）

1．汽油滤清器又称为______________，汽油发动机上的称为______________，简称为________。

2．汽油滤清器按其安装位置不同可分为__________________和____________________。

3. 汽油滤清器的作用是过滤________________，并能使________分离。

4. 汽油滤清器主要分为________________、______________和____________________三种。

二、判断题（正确的打“√”，错误的打“×”）

1. 直进直出式、带回油管路式汽油滤清器均为单导向的，因此在安装时要注意方向。（ ）

2. 在更换汽油滤清器前，无须对燃油系统进行泄压。（ ）

3. 可以将更换后的汽油滤清器的滤芯拆下，清洗后可重复使用，以进行资源回收、节约能源。（ ）

三、单选题

1. 汽油滤清器使用到规定里程后必须及时更换，一般更换汽油滤清器的间隔为______km或______年。

A. 5 000 ~ 10 000　1 ~ 2　　B. 10 000 ~ 15 000　1 ~ 2

C. 15 000 ~ 20 000　1 ~ 2　　D. 20 000 ~ 30 000　1 ~ 2

2. ______是更换汽油滤清器时所用到的一次性零件。

A. 垫圈　　B. 卡箍

C. 密封胶　　D. 一次性手套

3. ______是外装式汽油滤清器一般安装的位置。

A. 燃油箱顶部　　B. 燃油供给系上

C. 车辆底部的燃油管上　　D. 喷油嘴外缘

四、简答题

1. 简述汽油滤清器检查与维护的操作过程。

2. 简述汽油滤清器滤芯的更换过程。

任务3　空调滤清器的检查与更换

一、填空题（将正确答案填写在横线上）

1. 空调滤清器的作用是过滤外界进入车厢内部的空气，使空气的洁净度提高。一般的过滤物质是指________、________、______、________、工业废气和灰尘等。

2. 售后根据消费者的需求更换空调滤清器时，可选用____________或____________。

3. 空调工作时吹出的风有异味，原因可能是____________、____________，建议____________。

二、判断题（正确的打“√”，错误的打“×”）

1. 空调滤清器位于蒸发箱前部，如雪佛兰科鲁兹系列汽车的空调滤清器位于副驾驶侧的手套箱内部。（　）

2. 同年同一款车型安装空调滤清器的尺寸是不一样的。（　）

三、单选题

1. 当汽车空调的挡位已经开到了足够大，但制冷或制热的出风量很小，若空调系统正常，原因可能为______。

A. 汽车空调 A/C 开关损坏

B. 汽车空调鼓风机损坏

C. 空调滤清器使用时间过长，使滤网堵塞

D. 蒸发箱漏气

2. 一般情况下，________km 或________个月需对空调滤清器进行清洁；每______km

或______个月需更换空调滤芯。

A. 5 000　3　10 000　12　　B. 10 000　6　20 000　12

C. 5 000　3　20 000　6　　D. 5 000　3　20 000　12

四、简答题

1. 简述空调滤清器检查与维护的操作过程。

2. 简述空调滤清器的更换过程。

项目五　汽车 30 000 km 维护

任务 1　制动液的检查与更换

一、填空题（将正确答案填写在横线上）

1. 常见的液压制动系统主要由________________和________________组成。

2. 通过________、________、________、更换可以发现、排除一些初期的、潜在的隐性故障，保持汽车良好的__________，延长汽车的__________。

3. 车辆正常行驶______km 或制动液连续使用超过______年，制动液很容易由于使用时间过长而变质，要注意及时________。

4. 制动主缸储液罐内的制动液液面高度正常应在上限______和下限______刻度线之间。

5. 更换制动液时，按照__________、__________、____________、____________的顺序，逐个车轮更换制动液和排放空气。

二、判断题（正确的打“√”，错误的打“×”）

1. 液压制动系统是利用压缩空气将制动踏板力转换为压力，通过管路传至车轮制动器，再将压力作用到制动蹄或制动块上，形成制动力。（　　）

2. 单回路液压制动系统的制动主缸有两个输出口，与轮缸之间通过油管连接，并充满制动液。（　　）

3. 双回路液压制动系统有两套独立的液压回路，若其中的一套回路损坏漏油时，另一套回路仍能起制动作用。（　　）

4. 汽车制动液多由有机溶剂制成，易挥发，可以与水混合。（　　）

三、多选题

1. 车辆使用和维修人员按照车辆使用说明书上的规定选择相应的制动液时，一般应遵循______。

A. 选用的制动液产品类型应与车辆制造厂家规定的制动液产品类型相同

B. 选择正规厂家生产的、性能稳定、质量有保证的制动液产品

C. 选用的制动液产品质量等级应等于或高于车辆制造厂家规定的制动液质量等级

D. 选择使用合成制动液

2. 制动液检查与更换所需要的常用工具、操作设备、防护用具及辅助工具不包括______。

A. 护目镜、橡胶手套、接油容器等

B. 机油、手套、扳手等

C. 扭力扳手、千斤顶、游标卡尺

D. 举升机、轮胎压力表

3. 废弃制动液在处理时不应______。

A. 排入下水道　B. 与机油混装　C. 集中管理　D. 倒入垃圾桶

四、名词解释

1. 汽车制动液

2. 咬漆现象

五、简答题

1. 如何选用汽车制动液？

2. 汽车制动液的使用性能要求有哪些？

3. 如何用专用设备更换汽车制动液？

任务2　火花塞的检查与更换

一、填空题（将正确答案填写在横线上）

1. 火花塞由__________、____________、__________、__________组成。

2. 火花塞的检查周期为每______km 或______个月；更换周期为行驶里程__________km。对于铂电极和铱电极火花塞，更换周期为行驶里程______________km。

3. 测量火花塞电极与侧电极的间隙时，间隙一般为________mm，如超出标准，应调整火花塞的间隙。

4. 火花塞的种类繁多，材料有_______、_______、________之分；形式上有______、______、________的区别；耐热性能上还有____________、__________的差别。

5. ________是火花塞的重要指标之一。NGK 火花塞对使用温度的标定方式已经逐渐成为火花塞的通用标准，标定的数值越________，火花塞的耐热温度越__________，散热性能越________。

二、判断题（正确的打"√"，错误的打"×"）

1. 汽油发动机使用火花塞点燃混合气，随着火花塞质量的提高，频繁点火对火花塞没有任何损耗。（　　）

2. 对火花塞进行定期检查与更换时，所有汽车企业对火花塞检查与更换的行驶里程或年限的规定都是一样的。（　　）

3. 火花塞的结构中，弯曲的侧电极焊接在钢制壳体的底端，使其直接搭铁；绝缘体由绝缘塑料制成。（　　）

4. 在传统维护中，需对火花塞电极上的积炭进行清理，对火花塞电极的间隙进行检查与调整。（　　）

5. 对于铂电极和铱电极火花塞，更换周期为行驶里程 80 000 ~ 100 000 km，使用过程中定期调整火花塞的间隙。（　　）

三、多选题

1. 在拆装火花塞的过程中，不需要用到______。

A. 铁锤　　B. 旋具

C. 扭力扳手（80 ~ 120 N·m）　　D. 火花塞专用套筒

2. 检查火花塞时，发现______，说明火花塞已经损坏。

A. 裂纹　　B. 端子松动或磨损

C. 金属体锈蚀或断裂　　D. 密封圈损坏

3. 调整火花塞间隙时，若间隙不符合使用要求，不可用______进行调整。

A. 尖嘴钳　　B. 一字旋具　　C. 火花塞间隙规　　D. 扳手

四、简答题

1. 简述火花塞的功用。

2. 简述安装火花塞的步骤。

任务3　四轮定位检测

一、填空题（将正确答案填写在横线上）

1．百斯巴特 ML8R Tech 四轮定位仪属于 CCD 镜式四轮定位仪，由______、________、__________________、_______________、______________等部分组成。

2．在做偏位补偿时，按电脑显示屏上的功能键“前进”，或按键盘上的“F3”键，显示屏幕上显示____________界面，出现______个红色的车轮偏位补偿图标。

二、判断题（正确的打“√”，错误的打“×”）

1．前轮外倾角的主要作用是使转向轻便，使车轮紧靠轮毂内轴承，以减少外轴承及轮毂螺母的负荷，有利于安全行驶。（　　）

2．前轮前束的作用是为了消除在行驶中因前轮外倾而引起的不利影响，使转向轮直线滚动而无横向滑拖现象。（　　）

3．主销内倾角的主要作用是使转向轮自动回正，转向操纵轻便。（　　）

4．主销后倾角的主要作用是当汽车直线行驶时保持其稳定性，并能使汽车转向后前轮自动回正。（　　）

5．对车轮进行偏位补偿时，按照车轮的顺时针方向转动右前轮第一个90°，保持传感器水平。（　　）

三、单选题

1．在进行四轮定位检测和调整的过程中，不需要用到______。

A．预置式力矩扳手、常用开口扳手　　B．定位开口扳手、卷尺

C．定位力矩扳手、轮胎花纹深度规　　D．游标卡尺、胎压表

2．以下属于四轮定位附件的是______。

A．线束、机油桶　　B．卡具、内外三件套

C．转向盘锁、制动锁　　D．工具车、轮胎架

3．在进行四轮定位操作的过程中，需要的举升机是______。

A．剪式举升机　　B．龙门举升机　　C．二次举升机　　D．千斤顶

四、名词解释

1．前轮外倾角

2. 前轮前束

3. 主销内倾角

4. 主销后倾角

五、简答题

1. 哪些情况需要进行四轮定位检测与调整？

2. 简述四轮定位检测与调整的主要步骤。

任务4　尾 气 检 测

一、填空题（将正确答案填写在横线上）

1. 汽车尾气污染物主要包括__________、__________、__________、二氧化硫、烟尘微粒（如某些重金属化合物、铅化合物、黑烟及油雾）、臭气（如甲醛等）。

2. 2013 年 9 月 17 日，环境保护部发布 GB 18352. 5—2013《____》。______年____月____日在全国实施第五阶段国家机动车排放标准。

3. GB18285—2005 详细规定了点燃式发动机________和______工况排气污染物的排放限值及测量方法，同时规定了______________、____________和______________三种工况的测量方法。

二、判断题（正确的打“√”，错误的打“×”）

1. 在室外空旷场地检测尾气时，可将取样管直接插入车辆的排气管中。（　　）

2. 博世 BEA 060 尾气分析仪开机后，观察设备电源指示灯状态为橙色和绿色之间 1 s 交替闪烁。若电源指示灯不点亮，说明 BEA 060 供电有问题；若指示灯闪烁状态异常，则为设备硬件故障。（　　）

3. 汽车尾气中的一氧化碳可经呼吸道进入肺泡，被血液吸收并与血红蛋白相结合，形成碳氧血红蛋白，降低血液的载氧能力，削弱血液对人体组织的供氧量，导致组织缺氧，从而引起头痛等症状，重者窒息死亡。（　　）

4. 汽车尾气中的二氧化硫会增加慢性呼吸道疾病的发病率，损害肺功能。二氧化硫在大气中含量过高时，会随降水形成“冻雨”。（　　）

5. 汽车尾气中的铅化合物可随呼吸进入血液，并迅速地蓄积到人体的骨骼和牙齿中，干扰血红素的合成，侵袭红细胞，引起贫血；损害神经系统，严重时损害脑细胞，引起脑损伤。（　　）

三、单选题

1. 车辆暖机 1 min，即可将尾气分析仪的取样管插入其排气管中进行尾气检测，取样管插入排气管的深度为______。

A. 插入即可　　B. 不小于 400 mm

C. 不小于 300 mm　　D. 无须插入

2. 在对车辆进行尾气检测时，应先暖机，直至发动机冷却液温度达到______左右。

A. 70℃　　B. 80℃　　C. 90℃　　D. 100℃

四、名词解释

国五标准

五、简答题

1．简述汽车尾气对环境的影响。

2．简述检测汽车尾气的步骤。

项目六　汽车 60 000 km 维护

任务 1　正时传动带的检查与更换

一、填空题（将正确答案填写在横线上）

1. 正时系统通过控制____________的开闭时刻，准确地实现定时开启和关闭相应的__________和__________，使充足的新鲜空气及时进入气缸，废气及时排出气缸，从而保证发动机具备良好的动力输出。

2. 轿车发动机中负责发动机正时传动的装置有____________和____________两种。

3. 采用正时传动带传动的发动机正时系统通常由正时传动带、________、____________、____________、______________等附件组成。

二、判断题（正确的打"√"，错误的打"×"）

1. 正时系统准确、可靠是发动机正常工作的前提条件。（　　）

2. 正时链条的优点是噪声小、传动阻力小、传动惯性小，能够提高发动机的动力性及加速性能。（　　）

3. 正时传动带的优点是使用寿命长、故障率低且不易发生由于正时传动故障导致的汽车抛锚。（　　）

三、单选题

1. 导向轮的作用是______。

A. 张紧正时传动带　　B. 驱动凸轮轴

C. 改变正时传动带的传动方向　　D. 带动水泵运转

2. ______能根据传动带不同的松紧程度自动调整张紧力，使传动系统稳定、可靠。

A. 曲轴带轮　　B. 张紧器　　C. 凸轮轴带轮　　D. 导向轮

四、简答题

1. 简述正时传动带的拆卸步骤。

2. 正时传动带的检查内容有哪些？

任务2　节气门体的清洗

一、填空题（将正确答案填写在横线上）

1. 节气门上接________________、下接________________，被称为汽车发动机的“咽喉”。

2. 对于电子节气门而言，清洗后必须进行______________________。

二、判断题（正确的打“√”，错误的打“×”）

1. 节气门是控制空气进入发动机的一道可控阀门，气体进入进气管后会与汽油混合成可燃混合气，从而燃烧做功。（　）

2. 清洗节气门后，若未进行初始化，会造成进气量过小，使发动机抖动。（　）

3. 不同车型的汽车，其节气门初始化方法是一样的。（　）

4. 所有车型都可以通过专用诊断设备完成电子节气门初始化。（　）

三、简答题

1. 简述节气门的使用注意事项。

2. 简述节气门体清洗或更换后需执行的复位程序（以 2013 款雪佛兰科鲁兹 1.6 L 为例）。

任务 3　制动摩擦片的检查与更换

一、填空题（将正确答案填写在横线上）

1. 制动系统的磨损受多种因素影响，一般与____________和____________等因素有关。

2. 盘式制动器摩擦副中的旋转元件是________________，称为制动盘。____________从两侧夹紧制动盘而产生制动。

3. 钳盘式制动器按制动钳的结构形式可分为____________和__________两种。

4. 定钳盘式制动器具备____________、________________、____________等突出的优点。

二、判断题（正确的打“√”，错误的打“×”）

1. 目前，绝大部分轿车都采用定钳盘式制动器。（　　）
2. 盘式制动器产生的制动力要比鼓式制动器大得多。（　　）
3. 制动盘摩擦表面的沟槽极限为 0.50 mm。（　　）
4. 与标准厚度比较，制动盘厚度的磨损极限为 2 mm。（　　）

三、单选题

1. 一般来说，制动摩擦片的使用寿命为行驶里程______km。

A. 20 000～40 000　　B. 20 000～50 000

C. 30 000～50 000　　D. 20 000～60 000

2. 使用______检查制动盘的厚度。

A. 游标卡尺　　B. 千分尺　　C. 百分表　　D. 直尺

3．下列工、量具中，与制动盘端面跳动量无关的是______。

A．扭力扳手　　B．游标卡尺　　C．百分表　　D．磁性表座

四、简答题

1．简述制动摩擦片的检修内容。

2．简述制动摩擦片的拆卸步骤。

3．如何测量制动摩擦片？

任务4　自动变速器油（ATF）的检查与更换

一、填空题（将正确答案填写在横线上）

1. 在进行油质检查时，需要检查自动变速器油的__________、__________、__________。

2. 常见的油面高度检查方法有___________________和_________________。

3. 在进行 ATF 油面高度检查时，需要_____________________________________。当温度超过________℃时，方可检查油面。

二、判断题（正确的打“√”，错误的打“×”）

1. 在检查 ATF 时，若发现油尺上有气泡，则表明发动机冷却液漏入散热器出口箱中的变速器冷却器。（　　）

2. ATF 的更换周期以车辆行驶千米数或使用时间为准。（　　）

3. 油面过高对自动变速器有好处，有助于提升润滑和冷却效能。（　　）

三、单选题

1. 下列选项中，不属于 ATF 的作用的是______。

   A. 作为冷却工作零部件　　　　B. 作为液力传动介质

   C. 作为自动控制液压油　　　　D. 作为润滑运动部件

2. ATF 油面过低的影响有______。

   A. 会降低液压回路的油压，使各控制滑阀和执行元件动作失准，操纵失灵

   B. 运动件得不到充分、可靠的润滑，有可能因过热而引发运动件卡滞及过度磨损

   C. 可能从加油管往外窜油，容易引起发动机罩下起火

   D. 加速 ATF 的氧化变质

四、名词解释

1. 油尺检查法

2. 溢流孔检查法

五、简答题

1．超周期使用自动变速器油会造成哪些损害？

2．简述更换自动变速器油的步骤。

项目七　新车PDI检查

任务1　PDI检查准备工作

一、填空题（将正确答案填写在横线上）

1．PDI检查是一项____________检测证明，是新车在____________前必须通过的检查。

2．PDI检查涉及____________、__________和____________三方的关系，是对新车质量的验证，是消除______________的必要措施，也是对购车客户兑现承诺及系列优质服务的开始。

3．汽车供方有责任向客户介绍汽车的装备、______________、____________、____________、保险常识、出险后的处理程序和注意事项。

二、简答题

1．车辆接收时的检查项目有哪些？

2．车辆保管中需定期进行检查，具体检查项目有哪些？

任务2　实施PDI检查

一、填空题（将正确答案填写在横线上）

1．______________有助于正确完成检查并防止漏检任何项目。

2. 所有 PDI 检查人员必须经过培训并取得____________后，方可上岗。

3. 整个 PDI 检查可分为____________和____________两个部分。

二、判断题（正确的打“√”，错误的打“×”）

1. 对于所有待交付客户的销售车辆，需 100% 进行检查。 （ ）
2. 整个 PDI 检查时间视车辆复杂程度控制在 30 min 左右。 （ ）

三、简答题

1. 动态检查的内容有哪些？

2. 简述静态检查的步骤。